걸어서 나에게로

솔마루 詩人選 01
안치호 시집

걸어서 나에게로

도서출판 창세

● 여는 시

흙으로 빚은 시

곡조 없는 노래로
흥 없는 춤사위로, 메마른 눈물로
헛되고 헛된 삶을
풍랑해변 모래 벌에 새깁니다

이름 없는 들꽃으로
헐벗은 나뭇가지로, 단풍진 담쟁이로
추레한 시 한 구절을
비 바람벽에 수채화로 그립니다

풍진 시절 다 지나고
걸음마다 내 지친 기억들을 황혼에 주저앉아
맨손으로 모읍니다

한 모금 물보다 못한
방황과 좌절과 낡고 병든 꿈의 편린을
경건히 다시 꺼내서
그대 앞에 펼칩니다

처음 그대로
흙을 빚어 글탑 하나 세웁니다.

　　　　　　　　황혼에 젖는 어느 가을날에
　　　　　　　　　　　　24년 10월

| 차 례 |

여는 시·흙으로 빚은 시 ·················· 4

제1부
궁宮

마중 ··· 12
고사 주목림 ·································· 13
나라꽃 ·· 15
매일 걸어서 ·································· 16
벽어 ··· 17
선한 고행의 순례자 ······················ 18
신의 눈물, 진주 ···························· 19
소는 훌륭하다 ······························· 20
퉁소산조 ······································· 21
남해에서의 이틀 밤 사흘 낮 ········ 22
가을 동피랑 ·································· 24
가시엉겅퀴 ···································· 26
추우 ··· 27
계절의 행간에서 ···························· 28
만추의 신원사 ······························· 29
가을남자 ······································· 30
순명하는 계절 앞에서 ··················· 31
지하철역에서 ································ 32
겨울 비 ·· 33
늙은 사랑에게 ······························· 34

제 2부
상商

- 모든 아픔은 사랑으로 치유된다 … 36
- 판명 … 37
- 소생 … 38
- 검진가는 날 … 39
- 다시 걷기 … 40
- 들여다보기 … 41
- 겨울나무의 기도 … 42
- 먼 이별 … 43
- 가을에 눕다 … 44
- 울지 않는 새 … 45
- 낙조1 … 47
- 낙조2 … 48
- 사순절 … 49
- 나무십자가 … 50
- 추도 … 51
- 우울증 … 52
- 은자 … 54
- 백야 … 55
- 타인 … 56
- 건널 수 없는 강 … 57
- 얼음 꽃 … 58

제3부
각 角

어머니의 강 ················ 60
내 몸에 여름을 들이다 ············ 61
파묵칼레 ················· 62
Lakes Consortium에서 ·········· 64
새벽의 라바트 ··············· 65
적도시상 ················· 66
나라를 짓다 ················ 67
계림에서 ················· 69
키갈리에게 ················ 70
검은 대륙의 심장, 르완다 ········· 71
파도의 언덕 ················ 73
마오리 소포라 ··············· 74
무스카리 꽃 ················ 75
프랭케니아 ················ 76
남근석 ·················· 77
사랑의 노예 ················ 78
산막이 옛길 ················ 79
청맥 ··················· 80
피에타 ·················· 81

제4부
치徵

사월의 여심 ················· 84
사월을 빚어 당신께 ············ 85
영주로 가는 봄길 ·············· 86
거슬러간 서천의 사월 ·········· 87
오월이거든 ··················· 88
오월의 나무 ·················· 89
오월 유성 ···················· 90
장미가 질 때 ················· 91
낙동에 흐르는 강 ·············· 92
소 ·························· 93
선운사 유감 ·················· 94
이순을 지나도 ················ 95
산 사람 ····················· 96
시작詩作 ····················· 97
입추 ························ 98
가을을 품다 ·················· 99
식장산에서 ··················· 100
동해에서 ····················· 101
설천 ························ 102

제5부
우羽

시간이 빚은 섬	104
황혼 즈음에	105
귀 열기	106
낮달	107
인생 텃밭	108
오늘을 가슴에 담고	109
화석	110
현문우답	111
가시나무 새	113
가면놀이	114
사망신고	115
중복	116
허상	117
가족	118
오래된 신발	119
묵언의 계절	120
계족산행	121
늦은 길에서	122
끝 날에 서서	123
이 행복 감사합니다	124

촌평寸評

안치호 시와 시인 촌평寸評	126
시인의 말	142

제1부
궁宮

마중

가을 맞으러 숲으로 갑니다

증평에서 괴산까지
그 서늘한 가슴을 안기 위해
문경새재를 넘습니다
심폐 가득 주흘산의 녹 빛 향기 채우고
허물 벗은 여름나무 사이로
내리쬐는 사과밭, 햇살 비늘에 눈멀다가
냉기 흐르는 동굴찻집
여가를 마시면
노년도 황금빛이 됩니다

내 모든 길을 열어 가을을 맞습니다.

고사 주목림枯死 朱木林

1

넋이 빠져나간
뼈마디 허연 발목을 봅니다

카사비앙카 푸른 파도가 씻어서
말린 회벽灰壁처럼
천년바람이 살갗 다 뜯어가는 사이
상형문자로 구부려진 관절
그 창백한 목질마다
고행의 수도사 푸른 이끼 옷 걸치고
뼛가루 날리는 화장장에서
밤마다 달빛에 그을린 백골하나
건천乾川을 휘적휘적 건너다가
말라버린 수액 다시
솟구치는 꿈이여.

2

지리산 세석평원
천년을 살다죽은 등뼈 꼿꼿이 세운 주목
또 천년을 향해 뿌리박고 서서
지켜낼 사직

하얗게 바랜 표피 벗기면
얼룩진 피의 역사 산명山鳴이 됩니다

육친에게 쏜
유월 어느 포탄에 이지러진
청산고목이여,
생목숨 묻은 피의 가슴나무여.

나라 꽃

팔월의 정수리를 지나
호국선열의 묘비 앞에 섰습니다

일렬로 사열한 무궁화
피 젊어 충절 맺힌 꽃술에는
여태, 포화로 슬픈 울림 가득합니다
정금 같은 애국심
그 은택 징소리로 내 가슴 칩니다
한낱 석비로 새겨진 이름마다
피는 꽃이여
팥죽 땀으로나 한동안
뙤약볕에 달궈진 군번표를 적십니다

아아, 한 송이 시를 꺾어
두 손으로 바칩니다.

매일 걸어서

매일 걸어서 나에게로 간다
햇볕과 바람이 스친
가을 길목을 향해
찰람찰람 구름에 젖은 풀숲을 헤치며
설렘 속 아픔마저 데리고 간다
천길 벼랑의 잔교를 건너
제 그림자에 파묻힌 동굴의 울림같이
저주파로 숨은 나에게
무색무음의 파장으로 흐르면
비애와 열정, 애욕이 녹은
심연에 닿을 수 있으려나

매일 가다 보면
저 적요寂寥로도 가두어지지 않은
일흔둘의 그림자
나를 만날까?

벽어 壁魚

깎아지른 음각의 푸른 암벽 끄트머리
물고기 화석 하나
중생대 백악기 담수 손 바가지로 퍼내
북한당 세습독재 다 드러내면
진흙 바닥 새겨진 지느러미 푸른 짐승

먼 역사 헤엄쳐 오른
스물여덟의 소리글
민주자유 아가미로 노래하리라
70년 잠 걷어낸 심벽에
남북통일 네 글자
혈서로 새기리라

한반도 세로질러
함경북도 최북단 온성군 향당리 가면
천연기념물 제335호로 지정되어
뭍으로 오른 물고기 석상
그 오랜 염원이
뼈아픈 역사로 박혀 있다.

선한 고행의 순례자

해마다 가을이면 꿈을 꾼다
*산티아고 카미노의
고독한 인생길, 피레네산맥을 넘는 이천 리를
걷고 또 걷는 꿈을 꾼다
최초의 순교자 사도 야곱의 거룩함에 이끌리어
온갖 염려 떨치려 한 달포
흙길에 묻혀, 나약함을 연단하듯
삶 곳곳에 물집 잡힌
이 어리석음을 치유하리라
알타미라 동굴, 역사 깊은 고뇌의 흔적에서
약해빠진 자존 다잡고
걷고 또 걸어
뭍의 마지막 지경
피니스테레에서 신발의 다비식마저
끝내고 마는 꿈을.

*camino de Santiago: 프랑스 남부(생장 피에드포르)에서 피레네 산맥을 거쳐 산티아고 까지 걷는 순례길. 직역하면 야고보의 길, 즉 산티아고는 야고보(야콥)의 스페인어.

신의 눈물, 진주

바다가 고향인 사람은 다 안다
밀물 썰물에 닳고 닳은 마음 다 안다
속살 깊이 박힌 아픔 밀어낸
조개는 알고 있다
뿌리칠 수 없는 운명이기에
격랑 맞서 해원 향한 결연의 의지 눈물겹다
파랑의 뿌리 찾아 더 깊은 자맥질
숨 가쁜 심해 닿을 수 있다면
바위그늘 그, 하얀 배 뒤집힌 수궁水宮을 뒤적여
신의 울음 모으리라
거품 속 비너스가 태어난 바위섬에서
암자녹색 비늘을 태우리라
한 세월 방울방울 맺힌 은빛 눈물

이 찬란한 슬픔 덩어리를
목에 걸 줄이야.

소는 훌륭하다

묵직하고 우직하고 과묵하게
뚜벅뚜벅 세상을 걸어가
살과 피와 뼈를 다 쏟아 최후의 만찬에 희생되는

들판에서 뜯은
작은 풀잎 하나에도 새기고 새기고
또 되새기며 참선하는

그대 전생은 힌두의 수도승
세상사 초연하여 울음 짓지 않은
큰 눈망울 맑은 도가道家

연일 따져 봐도
우생牛生이 인생人生보다 더 크더라.

퉁소산조

가을 머금어 음률을 삼킨다
너의 생명 찬 가락은
진양조, 중모리 중중모리 자진모리 장단으로
호흡을 삼켜 목숨 토해내
하늘너머 광원光源을 품은 아우라가
들판 가득 깔린다
입을 닫고도
혼신으로 노래하며 떠나는 뒷모습이여.

남해에서의 이틀 밤 사흘 낮

포구의 아침은
산과 바다의 음영으로 꾸며져
모차르트의 경쾌한 리듬으로 태어난다

들숨에 감겨오는
저 파닥거리는 새벽 바다 수채화를
찻잔 가득 두 손으로 받아
값없이 기억 주머니에 부으면
몸서리치도록, 오월은
그리움 밴 잔영으로 남으리라

내 사랑 바람같이 일어나
해변을 거닐면서
한 사흘 꿈을 꾸듯 소요하다가
저 투박한 어부의 팔뚝 같은
맹세하나 세우리라

풀물 벤 수면 헤치면
묻혔던 해조류가 광휘로 피는
남해의 해원
간조로 쓸려간 소망

만조로 출렁이리라

아, 포구 살이란
해풍으로 일상의 메마름을
흠씬 적셔 주는 파도의 가락일레라.

가을 동피랑

남쪽바다 동편벼랑길
뱃고동의 울음이 박힌, 그 섬소纖疏한
벽화 따라 산비탈 올라가면
가쁜 들숨의 흡폭吸幅만큼씩
바다가 열리고 있다

수곽을 에도는
즐비한 술어, 그 이념에 갇힌
시인의 표상은 아슴하여라
청마의 푸른 갈기는
기폭旗幅에 담겨
맨 처음 저리도 높이
나부꼈는데

동양의 미항 나폴리 비경에
묻힌 충무공
순열 깃든 해조음도
해원海原의 모성어로 울던 자리
은비늘 날개 단 수군들의 혼령이
자살바위에 한 번 더
포말로 부서진다

〉

선린善隣의 포구에
내린 한줌의 애련이어라
비랑에 뿌려진 파도의 혈흔들이
유도화로 지고피고 또 지는데
가을지병인 이 방황
통영에서 수렴되는 회한의 넋두리.

가시엉겅퀴

다가설수록
가시 털 세우는 고슴도치 같아
멀리서 그저 바라만 본다
철갑 바늘로 무장한 초병 하나
비탈언덕 달무리지면
먼데서 달려온 손님, 벌 나비 보라꽃술로 저물고
봄부터 지켜낸 영토너머로
찬바람 일 때마다 돋는
생채기 소름
그 아픔 알알이 여물어서
계절 지는 산비탈에
빛바랜 하얀 꽃잎
갖은 고초 비늘로 게워내다가
뿌리 가득 약성 담아
천년을 살리라.

추우 秋雨

모난 돌에 비 내린다
뾰족함으로 주위를 찔러대는 성정 위에
거칠고 투박한 문장에
병든 지구 위에
낙수가 맨손 문질러 방망이 소리 요란하다
종일 가을비 내려
잠든 황토마당 헤집으면
가을 타는 남자 마음이 음률에 젖는데
무딘 가슴에 깊은 골파여
석녀도 울음으로 온다.

계절의 행간에서

시간의 이파리가 뒤척일 때마다
강어귀와 갯벌 위로
푸른 가루로 내리는 구월
살갗에 쌓인 열독 찌꺼기마저
추풍에 쓸리고 말면
한 마리 순치된 들개처럼 엎드린
내 일흔의 뻐근한 산허리 운무 걸리고
옛 체취 젖은 가로수 사이로
술 취한 저 석양만
일몰의 거리를 비틀대다가
어둠에 잠기는데
그 행간에서
허물어지는 하루를 읽는다.

만추의 신원사新元寺

녹빛 일렁이던
몸짓들 이제
절집계곡 명경수면에 떠 있는
낙엽인 채 다소곳하다

백제나라 거슬러
내 발길 수 없이 묶어 놓던 석탑 돌아
아직도 꿈틀대는
등 굽은 배롱나무 역사 넘겨보면
죽은 듯 엎어져
합장하는 천년고찰의 묵도
그 흔적 밟고 또 밟아 다져온 섬돌을 딛고
오늘은 추적추적 찬비에 젖고 싶다

하산 길, 등줄기 타고 내리는
계룡산 긴 어둠을
홍감 몇 알로 불 밝히기엔
식어가는 내 계절의 슬픔이 너무 짙다.

가을남자

한아름 이별을 안고 가다가
낱알로 떨어진 시간들이
텅 빈 들녘 방죽길 따라
그날 그 모습이 억새로 나부끼면
옛일은 발길마다 밟히고
미처 꺼내지 못한 말 한마디가
심중에 맺혀 있네

손짓이라도
어둠 결에 서툰 몸짓이라도
가을 바람에 섞어 보낼까

가을 기억은 왜 잠들지 않는가.

순명順命하는 계절 앞에서

동트기 전에도
잿빛 겨울 강은 깨어 있어서
사람들 보다 먼저 흐른다

하얗게 눈 내리는
미호강 둔치로 유년이 맨발로 걸어와
내일보다 더 먼 곳으로 마음 던져놓고
익숙하지 않은 노년에 닿아
강물로 흘러가다가

명멸하는 저 시간들
거듭되는 절망과 고난 속에서
승화로 빛나는 표징

이윽고
삶의 여행은 육신을 태워
영혼의 꽃으로 빚는다.

지하철역에서

내리고 오름이 혼잡하더라도
희열이 샘솟음은
가야 할 곳이 있기 때문이다

삶의 목적을 향한 걸음마다
눈처럼 하얀 입김이 서리고
건강한 기쁨이 자라는 아침

부딪치고 짓눌려도
감사한 것은
희망이 동승하기 때문이다.

겨울 비

아무렇지도 않게 계절이 흘러내린다
어깨에 얹힌 한 방울 비가
강물만큼 무겁다
비뚤한 골목 더 비좁고
사색의 졸음 언덕 너머
작은 잿빛 새마저 떠나버린
외진 공원公園
이제, 공원空園이 된다

아무렇지도 않던 비가 눈물이 된다
살갗에서 상념 깊숙한 곳까지
골똘히 젖은 슬픔
섣달그믐 홀로된 서울이
떠나온 길 따라 그리움 젖게 한다.

늙은 사랑에게

추억의 홑 알갱이가 바람에 흩날리듯
늦은 눈이 내린다
강가에 들판에 산 위에
황폐한 가슴 위에도 봄눈이 내려
세상 어둠 모두 보혈의 흰 피로
속량될 즈음

저 멀리 깊은 곳으로부터
묵혀 왔던 사랑이
푸른 종소리로 차오르는 새벽
기도는 더욱 간절해지고
순결한 눈길 위에 남긴 발자국처럼
선명히, 내 너를 사랑하리라

때론, 사랑의 물기가 땅 밑으로 가라앉고
오래 참음이 공허해지더라도
봄바람이 불어오는 쪽으로만 머리를 두리라
지성도 영성도 아닌 인성으로
돌탑 위에 정 하나 더 올리리라

몽매한 자에게도
길을 열어주시는 우리의 신께서
허락하는 그 시간까지.

제2부
상商

모든 아픔은 사랑으로 치유된다

절망 위에 또 절망이 얹히더라도
사랑하나 받으면
그 따스함으로 희망이 움튼다

밤이 깊을수록 새벽은 가까워지고
질병이 쌓일수록
삶이 더 단단해지듯이
미움은 담을수록 무겁고
용서는 그 무거운 짐을 덜어내 준다

닫힌 문을 열고
인파가 출렁이는 봄 거리에서
꾹꾹 눌러 쓴 마음의 전단지를
그 누구의 손에 쥐어주면
전쟁은 평화로 바뀐다

아픔이 아픔에게 말하듯이
당신에게 작은 사랑하나 건넨다.

판명 判明

가을이었나,
커다랗게 뚫린 내 몸 구멍자리

떨어지고 또 떨어져 내리는
계절 지는 언덕
누구의 아픔인지 쌓이고
1기, 2기, 3기, 4기
나도 모르는 사이 변이세포들이 자리 잡았다는데
부정하다 원망하다
분노로, 절규로 온몸 허물어지다가
…. 다시 하나로 온전할 수 있을까
체념으로 다잡아본다

하루가 참 소중한
시월 어느 날.

소생 蘇生

저 마른 가지처럼
다시 움틀 수 있다면
저 철새처럼 강위를 날아
돌아갈 수 있다면
내 처음 눈뜬 그곳
안태고향으로 가겠네

괴나리봇짐 가득 꿈만 꾸려
거기로부터 세상 다시 걷겠네
마주치는 자마다 삶 나누고
발길 닿는 곳마다 사랑 심겠네

내 젊은 가슴으로 다시
숨 쉴 수 있다면
거룩하고 참된 당신만 따르겠네.

검진 가는 길

차창에 스치는 풍경은 봄빛만 가득 하더이다

수서행은 어제와 변함없는데
천근만근 심신은 땅 밑으로 가라앉고
마음을 뒤흔드는 저 연두 빛 너울이여
사월의 봄은 아직 잔인 하더이다

미호강가의 왕버들은 자유하고
구비치는 강물은 넘치는데
나는 몹시 목이 마르더이다

익숙한 논과 밭 사이로 질곡이 무성한 잡초처럼
농심을 옥죄이더라도
얼굴에 닿는 한갓, 햇살 한 줌에
눈물이 나더이다

봄바람은 천지사방에서 살랑이지만
어제의 바람은 아니더이다.

다시 걷기

아픔 위에 아픔이 쌓이면
그 굳은 살로 고통도 무디어진다

겨울을 건너기 전에는
연두빛 새싹처럼 미풍에도 몸살을 앓았다
눈짓 하나에 웃고 울고
말 한마디에 분노하고 원망하고
작은 돌부리에 채여
절망했던 지난날들이었기에

죽음이 어른거리던 그 구월
그리고 시월
내 몸 구석구석 단풍지던 날
낯선 질고에 설움도 먹먹해지던 날에
다만, 부질없는 것들과 이별할 수 있도록
기도했다.

들여다보기

흉부전산화단층촬영 자기공명영상검사
펫시티 엑스레이 피검사 조직검사 폐기능검사를 해도
알 수 없는 것
날마다 미트콘트라는 나를 만들지만 디엔에이에 붙은 장구한 역사
다 읽지 못한다

가지마다 움트고 꽃 피운 들길 벗어나
콘크리트 숲, 오염된 도시를 걸어온 전 생애
눈 멀고 귀 먹고 코막힌 세상
쉴만한 물가 찾아 떠돌다 언뜻
병진 세포에게 묻는다
미칠 수밖에 없는 그 이유를.

겨울나무의 기도

허비한 빛 들판 너머로 움츠린 나무들이
소망하는 새날은 아침 같은 시작입니다
사방 열린 가지마다 치렁치렁
무수한 잎을 달고, 빛 이랑을 경작하던
그 봄날의 시작입니다

여기, 일몰의 거리엔 혹한이 일어
엷은 가지부터 살갗이 부르틉니다
엄습한 어둠으로 벗겨지고 찢긴 계절의 끝자락
냉혹한 서릿발 강섶에 이윽고 갯버들이 발 딛으면
긴 흐름 금강의 표정은
시詩처럼 간결합니다

허비한 계절 너머로 움츠린 사람들이
소망하는 끝 날은
다 비워낸 저녁 노을입니다.

먼 이별

빗장 풀면
회상으로 내려앉는
하얀 비둘기 떼

감잎 우수수 떨어지던 날
징검다리 건너
비탈진 산자락의 외진 곳
새 흙집에 모신 어머니
국화 속 영정은 웃고 계셨지만
정녕 당신 마음은 아니리니
호상好喪이라고들 던지는
슬플 것도 없는 상객들의 말이
칼날로 온몸 도려내던 그날, 아픔에 겨워
하늘마저 흔들렸습니다

강산이 몇 번이나 바뀐 후
다시 찾은 산길
정한情恨이 지천으로 깔리고
꼭꼭 빗장 걸어둔 비감은 하늘에 이르는 병
멀고 먼 이별이었습니다.

가을에 눕다

가을의 살갗을 열어
늑골 흰 뼈마디 사이에서
여린 숨을 고른다
호스피스로 결말짓는 긴 하룻밤
거듭되는 이별연습, 산소 부족의 남자는
문맥이 간결하다
어둠이 손짓하는 바깥은
공허한 계절로 앙상한데
더욱 다급해진 사나흘의 끝자락 공포
불씨는 점점 사위어가고
갈증의 애심마다
콸 콸 콸 ~
둘러친 족친의 어깨 위로 터지는 봇물

영면을 위한 합주
요하네스 브람스의 3번 교향곡
*비스바덴의 숲 그림자가 호수에 그렁하다.

*브람스 3번 교향곡 작곡의 배경인 호반도시로 독일 타우루스산맥 기슭에 위치.

울지 않는 새

이건
서른 해 묵은 지병일 뿐

문명의 차륜에 깔린 어린 새, 가슴으로 거두어
따가운 눈총과 멸시를 덮어온 그 세월
날 수 없는 어깨 위에
수많은 희망의 깃털을 붙여 온 잔인한 그 삼 십년은
숨기고 지낸 나의 감옥일 뿐

말미암아 새는 노래를 잃어가고
슬픔마저 정작 느낄 수 없는 석녀石女의 길로
스스로를 가두고 마는
세상 비켜 자학의 돌담을 둘러치고 있다
죄로 치자면 짐승의 과속을
일찍 느끼지 못한 것일 뿐인데도

이제 와서 내 갈빗대를 열어
출소시키는 것 또한 추한 이기일 뿐
인환人寰의 거리를 돌다
떠밀려 콩닥거리는 새의 가슴으로 떠는
두려움 꾹꾹 눌러 담은

심장을 절개하는 재수술일 뿐

이건 감당하기 어려운
미래로의 열쇠를, 사막에서 바늘을
찾아 헤매는 일일 것이다.

낙조 1

한낮으로 떠올라
기웃기웃 세상을 걸으며
현 하나를 뜯어 밝음을 뿌려놓고
하늘 길 거슬러 아픔 밟으며
하루를 거둬 마감하듯
노을로 물든 바다
영원으로 잦아들기까지
퍼고 또 퍼내면 영면에 닿을까.

낙조2

날마다 태어나서
이 길만 걷습니다
기쁠 때나 슬플 때
낯설어 두려울 때마다 나의 궤적을
되짚어 봅니다만
사막과 설산고봉은 늘 시험 같습니다
또 한 번 죽기까지
이 하루를
피로 물들입니다.

사순절

종려잎들이 가득 깔린 성으로 가던 날
호산나! 환호의 길은 고난의 시작이었나이다
해골 골짜기로부터 여기, 수변에 잇닿은 원죄로 인해
사망은 사망을 낳고,
베드로보다 몇 배 더 배신을 때린 자도
보혈의 은총 있나이까?
맨손으로 피 묻은 사월의 도회를 거둬
참회로 씻나이다

한 대야 눈물 받아
십자가 어린양을 씻기나이다.

나무 십자가

태초의 공허 속으로
뚜벅뚜벅 걸어가서
천년 같은 하루가 빚은
타래진 노역勞役의 빛 알갱이 하나
흑암 갈랐으니
그렇듯 *피밭을 건너
겟세마네 감람나무의 이천년 시간을
부둥켜안으면
그대 진실 피어날까?

빛 씨앗은
한그루 십자가로 자라나서
**골고다 언덕 아직 서 있는데
거짓 사도들은
세 번째 천년을 선포하고 있다

문득 나는
이스가리옷 유다의 은 삼십을
되갚고자 길을 묻는다.

*피밭: 예수를 로마병정에게 넘겨준 대가로 받은 은 삼십으로, 열 두번째 제자인
〈이스가리옷 유다〉가 샀다는 하켈다마에 있는 토지.
**골고다 언덕 :예수가 십자가에 못 박힌 언덕

추도 追悼

섣달, 늙은 길을 걷고 있다
하루가 잦아들기 전에
그 사랑 군불 지폈어야 했나요?
윤기 없는 얼굴로 지친 오늘을 툭 건네곤
거뭇게 돋은 저승꽃 당신 먼저 가고 없는 밤
켜켜이 고인 모정을 담고서도
그리움으로 출렁대다가
제 손으로 뼈가 드러날 때까지
추려낸 불효의 기억들만 맨몸에 드러나서
뼈끼리 서로
부딪히다 꽝꽝 얼어버린 밤
아, 어머니
언 가슴은 다시 불붙지 않겠지요.

우울증

혼자인 것은
외로움만이 아니다
모든 연결고리를 끊고 공허함을 안는 것이다
혼자는 자유가 아니다
두껍고 질긴 침묵에 자신을 가두는 것이다
혼자서 웃고 혼자서 울고 때론
체념하듯 눕고 혼자서 슬픔 머금어
그렇게 집을 헐고 싶은 것이다
혼자서 사랑하고 혼자서 이별하고
혼자서 그리워하는 것이다

삼백육십 각도로 돋은 얼음송곳에
맨몸으로 부딪히다가
신음은 독백이 되고
울부짖음은 허공에 갇혀
혼자 부르는 못 갖춘 노래 마디도
바람 소리에 섞일 뿐
빗장 채운 방안에 자폐를 키워
차곡차곡 어둠을 채워가는 것이다
혼자인 것은
세상을 버려두고 거칠게 나를 흔드는 것이다

〉
그리하여
천천히, 천천히
나를 죽이는 것이다.

은자隱者

쇠잔해진 몸피는 잦아져
마지막 숨결 어둠에 녹고
동트는 법열의 빛으로나마
떠나려는 넋이여
먹먹한 그을음 덮인 밤이 익숙한 듯
이미 죽음을 지닌 자여
수많았던 침묵의 나날 속에
사망과 결혼한 자여
슬픔 깊은 구렁에서 나와
다시, 행자처럼 자신을 가두고 있네

한때는 그 삶도
녹차의 첫물처럼 쓰고 더 향기론
그렇듯 진하게 우려낸 한잔 고뇌 속에서
연민으로 시작한
숨은 사랑하나 있었는데.

백야白夜

만상을 그렸다 지우기를 거듭하고도
밤은 늘 남아서
머물고 싶었던 순간들 다시 일으키면
탱자 꽃 하얀 울타리 따라 걷던
헤진 흙 맨발 자국으로 깔리고
초질 반들반들한 교실 바닥
여든둘 어린 꿈들이 미끄럼 타던
빛바랜 수채화 몇 점
봄밤인데도
어둠은 쉬이 걷히지 않고
나는 1인칭, 너는 2인칭, 3인칭은
우수마발이라 하시던
영혼 맑은 영어선생님 머리 위로
반짝이는 별밤.

타인

목숨까지 나누던 서로가
서로에게 등 돌리면, 우린 타인일 뿐
동짓달 밤
긴 어둠을 덥고 홀로 누우면
몰려오는 외로움의 홍수
난민으로도 너의 섬에 안착되길
웅크린 채 꿈을 꾼다
피로 엮어 있던 우리가
서로에게 연 끊으면, 그저 타인일 뿐
하얀 밤
빈 그리움자락 당겨 누우면
쏟아지는 회한의 꼬리별
기억만이라도 너의 별에 가 닿길
엎드린 채 기도한다

서로가 서로에게 안부도 묻지 않은
우린 이제, 타인일 뿐.

건널 수 없는 강

흙집 지붕 잔디에 애닮음 쌓여
무서리 하얗게 덮던 날
울 어매 넋 등에 업고
달빛 개울 징검다리를 건넜다

토지보상금 때문이었을까
맏형은 선산이 공원으로 편입된 것도
선친의 산소를 이장한 사실도 일체 알리지 않았다

무덤 파헤치고
백일하에 또 다시 주검 들어내
혼백마저 산산이 부셔놓은
변두리 납골당
온기도 기척도 없이 다소곳 항아리에 담겨서

이제, 징검다리 구름에 묻혀 꿈에라도
건너지 못하는 강 너머
울 어매 날 기다리고 있다.

얼음 꽃

고귀한 숨결을 지녀
원초적 숭고한 영롱함으로
극으로부터 눈보라에 실려 온
차갑고도 슬픈 노래여

태양의 일곱 빛 광맥에 이끌려
형체는 바스러지고 영혼만 남아
단 한 번의 용광로 사랑으로
온몸이 녹아내릴 하늘에 매인 꽃.

제3부
각角

어머니의 강

갠지스 강가에 서면
이승 강을 건너기 전
육신에서 빠져나오는 피리소리
그 마지막 날숨소리가
안개처럼 깔리고
배고픈 들개에게 먹히고 남은
못가진 자의 타다만 살점들이
강물에 흘러든다

장작 몇 개비로 영혼 집을 태운다
살아서 희고 화려한 것들
아그라의 타지마할을 향해 떠오르고
암갈색 그늘진 삶
날 수 없는 서러운 기억
찌꺼기들만 강물 되어 흐른다

흙바람이 분다
어머니 강가에 둘러친
인간의 성채 너머로
영혼바람이 느리게 흘러간다.

내 몸에 여름을 들이다
- 카페 코스트 캐슬에서

적도의 자외선은 이미 가나에서
피부에 박혀버렸다
습하고 무더운 아크라의 도로를
자동차와 염소의 지친 일상이 뒤섞여 공존하듯
과거와 현재를 가로질러 나는 여기 카페 코스트 캐슬에서
태양의 화살에 꽂힌 검은 역사를 훑다가
흑백, 그 극명한 차이로 인해
절벽아래 파도로 부서진다

아, 노예로 팔리던 그 날로부터
*빗금으로 긁힌 동굴 벽의
죽지 못한 외마디가
밤이면 살아나와 나를 본다.

*노예를 싣고 가기 위해 임시로 가뒀던 환경이 열악한 대서양에 접한 동굴. 흑인들이 동굴 벽에 손톱으로 긁어 쓴 메시지가 아직 남아있다.

*파묵칼레

거기, 바람 불어도
뒤척이지 않는 목화의 나라가 있다
거친 성정 죄다 껴안고
눈밭 가득 평화가 일렁이는 곳
오랜 물레질로
낯설지 않은 이방의 전설을
한 올씩 뽑아내면
광야는 무명실타래 천지가 된다

끝없는 설화를 쓸어 담아
에페소스 찬란한 문명을 메고
이즈미르의 체스메 항으로 가는 길목에서
동서고금이 깃든
히에라폴리스를 대면 하고서야
온갖 종족이 담긴
역사 한 페이지를 펴본다

손에 잡힐 듯
아직 못다 쓴 삶의 한 가닥이
새털구름으로 내려앉은 곳
펄럭이는 흰빛 갈기로

초원 뒤덮은 오리엔트제국에서

유서 깊은 유적으로
쌓아올린 여기, 어디쯤인가에
천박한 내 과거를 내려놓는다.

*터키의 고대도시인 에페소스부근의 온천으로 유명한 지역, 에게 해변에 위치
 하며 데니즐리라고도 함.

*Lakes Consortium에서

자오선의 지는 해를 본다

귓가로 스치는 소슬바람
벌새 한 마리 황혼을 쪼면
메마른 언덕 따라
내 젊은 계절이 오렌지 빛 구름 되어 흩어진다

아프리카 심장 르완다
이 작은 만남은 끝없이 펼쳐지고
검은 대륙의 내일은 푸르고 깊어라

낯선 들풀들처럼
수줍은 미소로 눈길 여는 맨발 아이들
크고 깊은 흑채동공에 비친
이방인은 어떤 그림일까

가난한 마음들만
가득한 어둠 저 너머로
두 손 모아 저마다의 별을 기다린다.

*탄자니아의 세렝게티 국립공원에 있는 오두막 카페(lodge cafe)이름

새벽의 라바트

저 먼 베르베르 초원으로부터
강어귀를 타고
에메랄드빛 대서양이 차오른다
하얀 집들 사이로
열도의 해가 새벽안개 헤쳐와
뱀처럼 스멀거리는
블그레그(Boulregreg)강변을 비워놓고
메디나의 붉은 성곽을 한참 걷다보면
에스파냐 먼먼 전설을 굽돌아
쓰러져 누운 낙타의 굽은 등을 타고
모로코의 새벽이 내린다

빵조각을 강물에 던지고 있는
차도르여인의 시선 너머로
목선하나, 고래의 힘찬 유영으로
무슬림이 되고자 야자수림으로 간다

백, 흑, 황색인종으로 뒤섞인
태양의 땅 모로코
불어 아랍어 베르베르어 영어, 더러 스페인어로
혼잡한 지구촌은 다시
바벨탑아래 온갖 족속을 모으리라.

적도시상 赤道詩想

빛으로 이어진 태양의 길을 따라
느린 걸음으로
그 천구天球의 날줄을 더듬는다
우주를 찢고 몇 광년을 달려와
빛이 스친 자리마다
초록이 영근 대지는 꿈을 꾸고

또 한 번 심로에
시혼詩魂어린 반딧불 밝혀지면
깊은 바다에서 솟구치는 잠수부처럼
심장의 헐떡임이 아드레날린을 이끌고
산소 가득한 안데스의 어느 골짜기
잎자루에 새겨진 한 줄
시로 깨어나리라

태양의 아들 잉카인들의 역로歷路를 따라
계절이 또 피고지기를
걸음걸음 문맥의 씨줄을 찾아
적도를 따라 걷고 또 걷는다.

나라를 짓다
- 가나에서

오래전, 세종대왕께서 한글을 창제하사
아름다운 간결체로 훈민정음을 공표하니
조용한 아침의 나라로, 이름 없는 나라의 대표들이 몰려왔으니
그 첫째가 체격이 좋은 아프리카인
대왕께선 먼 곳에서 제일 먼저 달려온 아칸족장에게
내 특별히, 한글의 첫 글자로 시작하는 〈가나〉라 하겠소
전사의 왕이 연신 머리를 조아리며 물러나자,
이등으로 달려온 키 큰 백인에게
그대도 장하오, 〈가나다〉로 나라이름을 정하시오
아, 〈카나다〉라 하며 기뻐하는데
뒤이어 비슷하게 생긴 사나이가 또 다가오자
조금 피곤해진 세종께서
그냥~ 아무러케 지으시오
오오, 생큐 소 머치 〈아메리카〉, 아메리카를 외치며 미국으로 떠났다는데~

가나, 오나 눈짓 한번 주지 않는
망각의 아크라여

*검은 별을 밝은 미래로 설계하기 위해
산 넘고 바다 건너 동방의 별에서 왔노라
여기, 참혹함이 그을음으로 덮인 해변 동굴에서
노예로 팔려가다 내던져진 절규가 아직도
파도로 치솟다가 부서지고 있는데...
**분소여, 너는 이제 아주 작지 않도다
상아탑을 높이높이 쌓아
그 아픈 과거를 벗고 소망의 닻을 올리시라.

---

*검은 별: 가나국기에 새겨진 별.
**분소(Bonso): 우리나라에서 지원하는 기술대학이 설립될 부지로, 아크라에서 120km 떨어진 읍 단위의 고을.

계림桂林에서

계화향기 그윽한 이강에
달빛 드리노라
사만 봉우리 마다 솟구친 희망에
강어귀는 물안개에 젖고
꿈같은 물빛에 홀려
신비를 노 저어 이백을 찾노라
대숲의 일렁임 속, 시오리 뱃길은
시선마다 녹파 반짝이고
열두 종족 역사 서린 강물로 하여
두보 홀로 애잔하더라
이강 저강 모여 장강이로다
노자 장자 공자 맹자, 성철 왈
물은 물이로되 산자락 골골 휘돌아 가는데
오늘은
강태공의 세월만 흘러가더이다.

키갈리에게

아프리카의 심장 르완다
아픈 역사 머문 땅이여
종족갈등은 먼 전설로 잠들고
반짝이는 아이들 눈동자 속
열정은 희망이어라

천 개의 언덕 걸어가면
숲 푸른 백만의 미소
햇살처럼 빛나는
나의 벗, 키갈리여

끝나지 않은 인환引換의 고리
슬픈 운명을 벗고
내일은 화합 걸친 새날이어라.

*note: 르완다엔 피그미족인 트와족과 후투족이 살고 있었는데 14c 투치족이 들어오면서 종족간의 분쟁으로 대학살이 이루어 짐. 현재 피그미 1%, 후투족85%. 나머지가 투치족이다.

검은 대륙의 심장, 르완다

*〈노르웨이의 숲〉 비밀한 우물을 찾고자
빛의 정수리
살타는 적하에 서면
검정 살갗 속 붉은 피 머금어
너의 웃음 하얗고
태양의 심장 뜨겁다

검은 날 위에다
강은교의 〈기다림의 지혜〉로 덧칠한다
잔혹사의 흔적
까만 피로 엉겨 맴도는 해시계
그 눈금 사이에서
이제, 너에게 손 내밀 차례다
황토 맨발에 입맞춤할 때다

거지초막에 깃든 초라한 행색은
애초 너의 것이 아니듯
블랙메일, 블랙리스트, 검은 금요일의 부정한
검정기억을 덮고서야
온 색각을 모아 색마 같은
너의 빛나는 벨벳, 까만 시선의 행간에

한 줄 시를 끼운다

아름다운 흑훈黑暈을 빚기 위해
청목 한그루 심는다
청록 팔을 뻗어 백만송이 웃음꽃 피워
검은 마법이 풀리면
하이얀 미소, 천사가 되련다.

*무라카미 하루키의 소설제목

파도의 언덕
-호주 로열내셔널 파크에서

유칼립투스 숲 헤치면
바다 끝 벼랑
안개 휘돌아간 수곽水廓 저 멀리
청파 흔들던 해풍
이방의 객 감싸 안고
물길 여는 남태평양 해원海源

한 마리 바닷새
만유하듯
시드니의 비경을 날아
마오리족 전사가 환생한
*마오리코로키아의 별꽃으로
절벽에 매달리면
전설 추장은 이미 코알라다.

*뉴질랜드, 호주 등의 절벽에 사는 식물로, 봄부터 여름동안 앙증맞은 노란 별꽃
이 피며, 강인한 생명력이 마오리족을 닮았다 해서 붙여진 이름.

*마오리 소포라

어쩜, 가늘고 여린 팔로도
세상을 안을 수 있니
작고 연한 잎으로도
가슴 깊이 숨 쉴 수 있니
바르르 벼랑을 붙들고도
어쩜 그렇게
별꽃을 피울 수 있니?

*마오리 소포라: 호주나 뉴질랜드의 절벽에서 서식하는 관목으로, 생명력이 강한 마오리족을 닮았다고 해서 붙여진 이름. 형제목인 마오리 코로키아 역시, 별처럼 생긴 작고 노란 꽃이 핀다.

*무스카리 꽃

에게 해의 푸른 눈동자, 무스카리여
*나나 무스꾸리(Nana Mouskouri)의 영혼 깃든 꽃빛이여
쉘부르의 우산을 받고 너 앞에 서면
꽃잎은 슬픈 운명의 빗물로 가슴을 타고 내린다
이즈미르를 떠나 아테네를 향하던 밤,
온 몸으로 선상에 부딪쳐서
밤하늘 피어오르던 포말처럼
격랑의 전설 속 그 멜로디를 기억하리라
아 언제쯤일까
그리움에 타는 목마른 입술이
청보라 빛 꽃향기 숨결 닿으면, 언제쯤일까
제대로 목 놓아 울 수 있는 날이
사월이 다 가기 전에
이 설렘으로, 사랑 한 번 맞을 수 있을까

이 사랑 꽃, 시들지 않을 수 있을까.

*무스카리: 백합과 무스카리(muscari)속에 속한 알뿌리 식물을 통틀어 이름.
*나나 무스꾸리: 세기가 낳은 그리스의 명가수. 그녀는 〈아테네의 하얀 장미〉로 독일에서 일약 스타덤에 올랐고, 그 이후 하얀 손수건, 쉘부르의 우산, 어메이징 그레이스, 올게 하소서, 슬픈 운명 등의 주옥같은 노래를 그리스어는 물론, 독일어, 스페인어, 불어, 영어 등으로 불렀으며, 우리나라도 패티김, 송창식과 윤형주 등이 번안해 불러 많은 사랑을 받았다. 특히 가스펠 송(gospel song)을 그녀가 부르면 영혼의 울림을 느낀다.

프랭케니아

세상 가장 작은 나무 프랭케니아,
여린 너의 몸짓 따라
물결치는 햇살에 손 내미는 움이 실낱이라
있는 듯 없는 듯 몸통 열어
우주를 삼키고도 고작 미소 한 잎 내민다
그래 안다 누구도 들여다 볼 수 없는
시혼의　심장으로
슬픈 날만 골라 읊조린다는 것을

크거나 화려하거나, 드러나기를 위해
사는 저잣거리 사람들아
가슴에 우주 들여
시상 한번 가져 보았는가?

프랭케니아, 육신을 쪼개고 키를 눕혀
섬세한 아픔이
잔잔한 꽃으로 피어나는 아침으로 하여
여민다 이 슬픔.

남근석

남해를 향한
다랑이 논, 층층이 밟아가다 보면
벌건 대낮인데도
거대하게 일어선 물건 있더라
옹녀들 흘깃 흘깃 주위 맴돌고
누구 있어도 힘줄 불끈 돋아
더욱 망측하여라
기암괴석 천혜의 절경 가로지른
옥빛 파도가
사르르 사르르 애무하면
세계자연문화유산에 거시기도
한몫 거들어
남해는 지금이 한창때
서로가 뜨거운 가슴 되더라.

〈세계자연문화 유산인 남해 다랑이 논에서〉

사랑의 노예

오늘 밤 몰래
어둠이 그댈 에워쌀지라도 새 〈카쿠누스〉는
사랑을 노래하리라
부리를 떠난 가락은 한 음절씩 불꽃이 되고
그 마디마다 이는 불꽃이 날개를 다 태워
온 몸이 재로 화할 때까지
사랑을 노래하리라

이윽고
밤하늘에 부서져 내리는
황금빛 광휘光輝로
나(에고)가 죽어 네가 될 때, 비로소
사랑의 문이 열리리니

오늘 밤, 슬그머니 다가온
어둠이 그댈 덮을지라도
숲길 따라 사랑을 찾아가리라.

산막이 옛길

추억끼리 손잡아 옛길로 가리라
고엽에 옛일 하나씩 매달아서
그 빛난 기억들로 하여
오늘은 행복해지리라

가슴에 박힌 사금파리
바람벽 얼음골에 다 쏟아내고
마흔 계단 굽이쳐 올라가
넝쿨진 다래숲길 벗어나면
오, 찰람대는 쪽빛 괴산 호수여
발밑 벼랑이 우수에 젖어 위태하구나

돌이켜 가야할 곳은
산막이 옛길이라
저민 가슴 열어서 추억을 만져보리라
길벗이여, 오늘 하루만은
이끼 덮인 굴참나무인 채로
우리 숲이 되자꾸나.

청맥靑麥

가슴 썰리는 칼바람에도 살아남은
너는 뼈대 없는 종의 후예
밟히고 밟힌 굳은 살 너머로
시퍼렇게 풀물 든 시간들
밭돌에 움츠린
토반도 떠나버린 긴 겨울 밤에도
초록 꿈 간직한 흙밥
여럿 움켜쥐는
고향은 유월, 맥랑이 파도치리니
먼 길 돌아온 황금벌판이
분광처럼 출렁인다.

*피에타

세상의 죄 값으로
물과 피 다 쏟아내고
골고다 십자가에서 내려진 내 아들 그리스도여
그 기나긴 고통의 시간
쉬이 지나가도록 어미는 기도했다
진통 모두 어미에게 주고
온전히 소천 되도록 무릎 꿇었다

**지성소의 휘장 찢는 천둥소리에
하늘도 갈라져 내리던 오후
온 유대는 어둠에 쌓였었지

이후, 주홍글씨 새겨진 가슴마다
피 흘리는 원죄
창에 찔리고 못 박힌
성흔聖痕이여

오, 피에타(자비를 베푸소서)!

---

*미켈란젤로의 작품으로 유명한, 십자가에서 내려진 예수를 끌어안고 있는 마리아상. "피에타"의 뜻은 이탈리아어로, 자비를 베푸소서.
**고대 예루살렘성전에서 가장 깊숙한 곳에 자리 잡은 가장 거룩한 장소.

제4부
치懲

사월의 여심

하얀 마음 밭에
채색 한줌 뿌렸습니다
싹은 자라
수렁에서 연꽃 한 잎 피워냅니다

캔버스에 소요하는
사월의 몸짓에
지금, 동네는 엉겅퀴 꽃빛 가득합니다

수수꽃다리 보랏빛 설렘을
한 다발 안고
도라지 향 그대를 기다립니다.

〈서양화가 김희진의 열한 번 째 개인전을 축하하며〉

사월을 빚어 당신께

독짓는 여인의 설렘으로
봄을 빚습니다

문득, 내밀고 싶던
불길 거두어
쓰러져 갑반에 눕습니다
당신에게 무엇이 되고자
이렇듯
안으로만 잠재웁니다

당신의 형상
흙으로 세우고자
독안에, 이 숨결 모았습니다.

〈김인숙 도예전시회 초대 시〉

영주로 가는 봄길

세월에 유영하듯
청춘, 그 먼 시간들이
낙동강 타고 바깥세상 떠나면
거슬러 오는 봄빛만 싣고
심로로 들어간다

생명 어우른 산하
사월은 이렇듯 바람 스치고
굴곡진 노송 등걸이
엷은 해살 쬐는 산맥
거친 역사 깃든 태백의 등뼈다

영주의 아름드리 송림은
지금 물오름이 한창이다.

거슬러간 서천의 사월

신열로 타올랐던 그리움의 잔해
말초신경 가지마다
열꽃 달고 찾아가던 날
산자락은 온통 꽃 연두 새순으로
펄럭대고 있었다

잊은 듯 지낸 날들이
흩뿌려진 골마다
초록 살점으로 돋아난
내 거친 마흔의 그림자
은곡 지원 시초 동네 어귀에서
흙바람 되어 떠돌다가
한 움큼 사월만 손에 쥐고
돌아오던 날.

오월五月이거든

그리움이 오월이거든
저, 먼 산에 이는 초록물결로
가슴 언저리부터 저려와
뒤척이는 봄밤이다

여민 바람이 오월이거든
저, 산허리에 타는 봄꽃 향기로
우리 엄니 치마폭에 안겨서
북받치는 설움이다

지나온 삶이 오월이거든
마지막 내딛는 한걸음으로
아름다운 계절을 밟고
홀로 떠나는 고별이다

그럼에도 오월이거든
찔레향기 이는 하얀 목마름으로
저문 추억을 캐다가
안개에 잠긴 밀어密語이더라.

오월의 나무

푸른 핏줄을 통해
초록은 이미 심장 가까이에 와 있다

쏟아지는 빛 타래로
치솟는 수액
사무치던 오월 한 모금이
내 마지막 잎눈에 닿고서야
너를 마주하리라

광희狂喜가 머물렀던 그 꽃자리
사랑이 지나가면
비로소, 영글어지는 나이테.

오월 유성

지금 오월은 온천 길에서
가로수로 서 있다

배고픔의 먼 보리고개 너머로
쌀밥나무가 흐드러지고
배부른 자의 형이상학形而上學적 이념처럼
이제, 거리거리 푸짐한 쌀알이 밟힌다

지금 오월은 온천 북로에서
사치스런 몸짓으로 서 있다

일곱 잎맥에 얹힌 그 노래
마로니에의 체향
가슴 떨리는 순정이 보랏빛으로
여기, 거리마다 물결친다

그리하여
오월은, 유성에서 살고지고.

장미가 질 때

뚝뚝
선혈로 지는 유월은
잔혹한 전쟁터다
쓰러진 이름, 이름 일으켜서
그 생기 되살려본다

용사여
장미가시 박힌 넝쿨진 절규여
스치는 빛과 바람에 다시
일어선 핏빛 입맞춤이여

장미꽃잎 흩날리는
유월은 지금
뚜욱 뚝
피 향기 낭자하다.

낙동洛東에 흐르는 강江

뜻에 길이 있다고 했던가?

잘못 길이 있어
그릇된 뜻으로 간 사람들이
흐르다가 모인 한恨
여기, 강물로 쏟아져 운다

흘러도 흘러가도 끊이지 않는
피의 강물
신록 안고 유월에 서면
청춘 푸른 강
낙동은 유구하고

사람 나면 서울로
눈물 모여 바다로 가는, 칠백 리 뱃길
굽이굽이 *열아홉 군병
화사한 꽃잎들이 진다

나라도 폐하고
전쟁도 폐하고 생사마저 폐하고
오직 전흔戰痕의 역사 만
강으로 모여드는 낙동은 여태
가면서 운다.

*낙동강 전투에서 전사한 인민군병

소

노예로 전락한
눈망울 순한 짐승이여
더 넓은 초원 걸어 걸어서
헐레헐레 채마밭 일궈놓고
약은 사람들 경영위해
멍에 씌운 구속과
침묵의 코뚜레로 길들여진 오늘
지친 발걸음 멈춰 서서
닷새마다 오는 도살의 공포만
우물우물 되새김질 한다

되짚어 봐도 어쩔 수 없는 역사
둔탁한 가슴 앓다가
덜컹대는 달구지에 제 목숨 얹어
흙먼지 머나 먼 길 떠나고 말면
누구 있어 다시
저 넓은 들 가래질할거나

이랑진 봄빛 다 벗고서
허허롭게 눈 감는 날
워낭소리 다시 울리듯
이윽고 자유하리라.

선운사 유감有感

선운사 감싼
늘 푸른 동백림
풍경 멎은 대웅전
숨죽인 묵도
청옥 물결에 젖은
귓전의 목탁소리
오랜 선문禪門이라
합장은 깊고 아득하여라

부처님 자비
두 손 가득 받쳐 드니
어지럽던 중생 길
한 빛에 트이네.

이순耳順을 지나도

초청하지 않아도 굳이
봄은 찾아와
열려있는 세포막 사이로
자외선 적외선 가시광선이 들어와서
그 광합성으로
지금 내 몸은 산소 가득이다
꽃눈 열리는 소리
동구 밖 아이들 소리
천성 문 열리는 소리

비로소
귀가 순해지려는가.

산 사람

비발디 사계가 푸른 물안개로
협주되는 수락골짜기
산 이슬 젖은 먹바위 너머
청록바람길 조붓한 옷고름 헤쳐서
가을로 걸어간 남자
떠나온 기억 다 밀어내고
솔향기 품은 바람, 꽃 새 물소리
흔들리며 춤추는 나뭇가지 사이로
구름 낀 계절도 지나가면
해묵어 노을 걸린 노각나무 한그루
등껍질 벗고 눕는다

삭정이처럼 바람 든 등걸에
눈꽃 피는 날
홀로이 산 그림자로 눕는다.

시작詩作

때론 음악의 울림에서
철학에서 종교 윤리학에서, 우주과학 사학을 비롯한
인문학 그, 시학詩學에서
묻혀 있던 내 색채를 찾아
질주하며 광분하며 그리고 절망하며
너에게 닿기를, 기도로서 영혼의 눈을 닦는다
지나친 염원은 때론
밤에 쓴 노래처럼 버릴 줄 알아야한다
질곡의 뒤안길에서도 끊이지 않는
신음 같은 목소리로
시를 품는다
그 창법의 잠긴 목에서 갈라져 나온
거친 음성으로 삶을 표출하듯.

입추立秋

달궈진 열대 속에서
가을문 열리는 소리
널름널름 한나절이 혀 내민
너덜겅의 팔월 산행은
온 몸에 소금기 진득하다
사막 한가운데에 선
*로뎀나무, 그 성긴 빗살 그늘의
엷은 그림자 밑에다
내 모든 수고와 슬픔 내려놓고
깃대종의 마지막 순례지
삯꾼들마저 떠나버린
그 길 끝자락의 포도원에 이르면
합심으로 엎드린 묵도가 피어
응답의 가지마다
알알이 들어차는 가을.

---

*성서에, 시돈의 공주 이사벨(북이스라엘의 왕후)을 피해 사막으로 도망친 엘리야 (남 유다 선지자/예언자)가 마지막 안식을 위해 이 나무의 그늘 아래서 차라리 죽기를 기도한 곳. 그러나 절망이 희망으로 바뀌어 기적의 장소로 불리기도 한다. 성서에 많이 등장하며 사막에서 땔감 등 유용하게 쓰이는 관목으로, 금작화 (金雀花)라고도 하며 키는 2~3m정도, 콩과에 속한 늘 푸른 떨기나무(싸리나무의 일종).

가을을 품다

회인에서 청석굴 이어진 가을
비 젖는 가로수 길로
우수 보듬고 흔들리며 간다

어진 바람길 걸어서
저마다 더위 묻은 일상을 털고
용소 푸른 물 행복 담그면
구름 머금은 초가을 천경대가
청풍에 휘감겨 서 있다

아, 그대 있어
빛나는 황혼길 가고 있다.

식장산에서

주리고 목마르지 않더라도 다 내게로 오라

식자識者가 길을 튼다
밥으로 살기에 모여든 세천, 판암, 가오동, 산내, 그 외 옥천 군서와 군북면 언저리를 발아래 두고
날개 접은 봉우리, 독수리 봉
하늘 기운 수 만리 펼친 녹음방초 수림의 바다
그 발톱 아래 벽계수로 으름넝쿨 휘감아 원시림 빚으면
놀진 대전팔경의 야경, 으뜸이더라
해돋이 설경 어우러져 희귀동식물 호흡하는 곳
산안개 피는 새벽
청머루알 고라니 그리움에 눈멀고
산초 향 벤 능선 따라 도토리 익으면
날다람쥐 혼자 부산하더라

앎에 허기진 나그네
가을 찾는 곳, 식장산食藏山이더라.

동해에서

해풍에 파도가 밀려온다
어둔 사위, 오징어잡이 배들의 강한 불빛만 수평선에 걸려있다
짙은 고독 등대주위로 몰리고
시월이 웅크린 마을 배회하다가
시린 새벽 별빛이 여울진 해변
온통 그리움이다
온몸으로 부딪혀 부서지는 밤을 걸어
동녘 끝자락부터 하루가 일어선다
뜨고 지는 일상 속에서
너와 내가 한 구도 속에 머문다.

설천雪天

소곤소곤
계집애들의 하얀 속삭임
은조의 날갯짓 따라
하늘 가득 뽀얀 깃털이 날고
태초로부터 음률 한 자락
초설로 깔리면
벽두의 꿈
시베리아허스키 썰매에 실려
남도 대숲에서
사르르르 동화로 뿌려지는데
작별의 흰 손수건
새벽 먼 길까지 펄럭인다.

〈2018. 01. 10 광주를 떠나며〉

제5부
우羽

시간이 빚은 섬

뜰 건너 마당 끝에 서면
숲과 지붕들 너머로
추억처럼 강물이 떠나고 있다
흐름에 나도 합류하여
바다에 닿아서
지나온 발자취의
긴 울림으로 빚어진
섬이나 될까

제 너머 이순 마루에 서면
노을 진 구름사이로
젊음의 푸르름이 날아간다
시간도 삶도 그렇게 흘러
본향에 가 닿으면
떠나온 날들 끄트머리에
마침표로 남을까.

황혼 즈음에

처음 세상은 아침이었습니다

푸른 바람과 향기론 숲의 아침 숨소리였다가
찬란한 빛살 너머 운우 한 모금으로
헹군 해맑은 정오였다가
징검다리 건너 젊음 다 지나서
밤으로 가는 길

땅거미 지는 가슴에도
불꽃은 살아
늦은 낭만도 가져봅니다

성근 머리채만
은빛으로 섧어서
세상은 온통 황혼입니다.

귀 열기

이순이 지나갔어도
거친 소리만 들리고
보이는 것 죄다 분심 가득한 세상이라
어지러운 마음 밭에 한줄기
소나기라도 씻어주면
사랑 싹 돋을까
삼복엔 낮은 소리 편에 엎드려
귀를 열리라.

낮달

살점 모두 발라내어
부스러기 석회질 모아 만든
뼈로 쌓은 탑
프리즘의 광학적 잔상 또는
밤새 부질없는 것들
태워 그늘 한 점 없는 그 원광圓光앞에
하얗게 서서
눈먼 언어를 더듬다가
끊어져 버린 연줄
임자 없이 창공을 배회하던 독백이
허구許久한 길을 찾아
빛바랜 무명천으로 하늘에 걸린 고독
사위어진 숯덩이
텅 빈 대낮 창공을 끌어안고
분광 긁어모아
채화採火된 하늘 수은등
구름만큼 자유론
너의 품성으로
어둠 건너 일광日光에 노 젓는
낡은 나룻배

오래도록 지워지지 않은 얼굴.

인생 텃밭

내 젊음의 밭이랑은 온통 초록였어요
둔덕 위로 푸른 꿈 꿈틀대며
희망의 줄기가 뻗어나갔죠

그러다가
어느새 가을이 오고
잎들은 붉게붉게 생을 태웠죠

내 노년의 밭고랑은 마냥 질퍽댑니다
패인 주름사이로 한숨이 흘러
후회의 시간들이 낙엽으로 집니다

그리하여
어렴풋 겨울 진 모습 보이면
텃밭 너머로 하늘 길 열리겠죠.

오늘을 가슴에 담고

여름이 쓰다버린 태양의 잔열 끌어안고
어제보다 더 짧아진 가을 어귀 기대어
하늘 잇닿은 먼 산 본다
가면 오지 않을 강물 같은
이 순간이여
사랑하기도 모자란 잔명인데
행복해도 아쉬운 시간인데
등돌린 인연은 차갑기만 하구나
꾸불꾸불 걸어온 내 삶의 흔적에서
잘 익은 밤톨 하나 주워
가슴 주머니에 간직하는 날.

화석

깊고 견고한 공룡의 발자국을 들여다본다

작고 얇은 나를 거기에
넣고자, 먼 먼 중생대 들어서면
삼엽충이 돌이 되고
바위로 굳어진 나뭇결 속에는
균사처럼 역사가 깃들어 있다

결 고운 한 줄의 노랫말을 얻고자
백악기의 문을 열면
궁상각치우, 표연히 떠올라
오음을 찍은
새들의 발자취가 애연한 전설로
패여 머문 곳

너는 깊고 무거워
지워질 염려 없나니
먼지처럼 가벼운 신생대의
끝자락, 혼돈한 여러 갈래
인생으론 결코 보이지 않네.

현문우답 賢問愚答
- 여섯 살이 본 죽음

    교회 안에 들어선 여섯 살배기 손자가 십자가를 가리키며 묻는다
    "할아버지, 예수님을 누가 죽였어요?"
    할애비의 궁색한 답변
    "그게 말이야 ~ 아마 나쁜 사람들이 죽였겠지"
    손자는 얼마 전 독립운동 주제의 영화를 보며 할머니가 한 말이 기억나
    "그럼 일본사람이 죽였어요?"
    당황한 할배
    "아 아니 ~"
    "그런데 일본사람들은 언제 착해져요?"
    십자가를 다시 유심히 보던 손자
    "십자가에 깡깡 박았는데, 왜 피가 없어요?"
    머리를 긁적이던 할비 왈
    "글쎄 ~ 진짜가 아니거든 …"
    예배 후, 성가 연습실에 걸린 예수님의 액자를 가리키며
    "예수님이 외국인이었어요?"
    "그래 ~ 그렇지"

〉

성가 연습을 마치고 돌아가는 차안에서 다시 손자
"근데요 ~ 일본 사람 , 이제 좀 착해졌어요?"
"그 ~ 러ㅁ"
갑자기 눈앞에 로드 킬로 희생된 동물 시신이 나타났다
"저 고양이 죽었죠?"
"아마도 ~"
"근데 할아버지 , 고양이도 죽으면 좀비가 돼요?"
"??? 머시기 좀비라구 라구 ~?"
〈부산행〉을 본 손자는 요즘 좀비에 심취해 있다.

가시나무 새

가라, 단 한 번의 노래 위해 가시나무 찾아서

독한 울음으로 사랑마저 떠날지라도
가시에 찔려 온몸이 진홍빛으로 물들지라도
하늘 노래를 불러야 하는 운명을 쫓으랴
음률은 세상에 떠돌다가
마지막 날, 천상에서 너를 찾게 되리라
온 힘으로 가시를 껴안으면
으스러지는 호흡, 노래는 더욱 영롱하리라
가라, 너를 찾아서.

가면假面놀이

얼을, 너의 살갗에 감추고
가면 속 온갖 부정 걷어내면
어둠 모두 흩어지리라
내 것 아닌, 네 것도 아닌
사막 같은 가식의 나날 걷다 보면
목마른 낙타의 휜 등에 실린
오아시스의 청수淸水한 기억마저 고갈되고
단절된 청각의 귀를 잘라
너에게 내민다

구차한 하루를 걸어 땅거미 깔린
회색 그림자에 갇혀서
가끔은 갈비뼈 밑 깊숙이 넣어둔
나를 만져보면
신물 울컥 역류하는, 슬픈 고질병
아물지 않은 상처
아직
그대로다.

사망신고

내 하나의 그는 갔다
서른 두 해 폭염과 설한을, 오직
사랑으로 견뎌준 너였는데
반 백년도 못살고 떠나간 마른 등걸 껴안고…
뒤뜰 한 편에
차마, 내 편애한 너를 다시 심는다
무엇이 부족했던가?
동춘당의 보호수, 육백 살의 노산으로
얻은 쬐까만 씨알을 분에 심어 동고동락 했는데
때때로 암벽을 타며 눈 마주쳐 웃다가
봄이면 움트던 사유思惟
가을, 사색이 노랗게 물들었다가
찬바람에 뚝뚝, 풍요 다 떨구었지
눈 내리던 날
민가지마다 은빛 시詩가 여물어
저물도록 너 곁에 머물렀었는데

옥상 콘크리트세상 시련이
그토록 암담하였던가.

*note: 석부작의 팽나무 분재. 32년 전에 씨를 심어 자식처럼, 친구처럼 정을 교감해오다가 지난겨울 하늘정원에서 풍한을 견디지 못하고 고사했다. 팽나무는 주목과 함께 천수(천년)를 누리는 장수 목으로 알려져 있다.

중복中伏

자오선 한복판에 선 핏빛 언덕
태양이 쏜 적외선으로
나달도 몸 누이는 땅
굳이 똥개 아니라도
제 무게만큼의 목숨들이
똘기로 낙과하는 계절
박복薄福한 복날은 명명이 고난주간
친구처럼 종처럼 왕 대하듯 굽실거리며
신처럼 믿었는데
오뉴월 뙤약볕 깊더이다

털가죽 벗겨져 누인
그을린 알몸
죽어서도 묻힐 곳 하나 없는
골육의 표류이더이다.

허상虛像

어둠 짙게 밴 거울 속
이목耳目도 없고 구비口鼻도 녹은
희미한 윤곽
허상세계에로 부터
내 안을 마주한다.
괴리乖離의 간격은 얼마쯤인가
촉감 없는 유리 벽 너머
서성이던 내가
얼이든가 육신이든가
그 경계 안에서
실체 있는 인상이고 싶다.

가족

온전한 가족이 몇몇이던가
금가고 깨지고 때 묻고 흠 많은 자끼리
서로 보듬고 사는 게 가족인게지
부딪히다 보면 이 빠진 사금파리 그릇처럼
익숙함에 길들여진 관계
지지고 볶고 미워하다가도
사랑한다 말 안해도
눈빛 아는 오래 묵은 정
때문에 가족인 게지.

오래된 신발

막내의 정성 담긴
안쓰러운 맘 하나 벗어놓고 왔습니다
고단한 생 길잡이로
낡고 지친 육신 오롯이 담고서
한발 한발
예순을 넘겨준, 분신인 너를
헤지고 늙어 볼품 없어졌다고 내다 버렸습니다
서러운 시간들로 찌든 너는
멍하니 표정 없이 남겨져
갖은 오물 다 뒤집어쓰고
덧없는 기억들 지워 가겠지만

우리 처음 만나던 날
화사하고 산뜻했던 살갗이
노화로 각질 문드러지기까지
뚜벅뚜벅 내 게으름 일으켜
일용의 터전으로 이끌었던 너의 바램은
종신토록 동행하는 것이었음을

끝날까지
나를 싣고 가는 믿음인 것을.

묵언默言의 계절

하나씩 버려야 될 날은 죄다 가을인가 보다
형언되지 못한 허구한 이름들은 죄다 동짓달인가 보다
문질러 떼어내도 다시 돋는 시름의 싹
선혈로 맺힌 부정父情으로 하여
기억 마디마디 솟구치다가
절로 둑 터져 쏟아진 눈물 비
참회로 가슴 후벼 긁는다

피붙이는 선을 긋지 못한다

그 불행 고스란히 데려와 어깨에 맨다

말하지 못할 계절은 죄다 회색빛인가 보다
가슴에 묻어야 할 사연들은 죄다 아비 몫인가 보다.

계족산행

그리움 없이도 산안개에 북받친 계족산
울음이 길다
비래사 건너 약수터 오르는 돌층계
꾹꾹 힘주어 쓴 고해告解들이
빗물에 허물어지고
숨 가쁜 절 고개 너머
후삼국의 흔적 묘연하기만한데

후백제 잔병들이 남긴 산성
모퉁이돌이나 될까
부흥군의 넋으로 바람이나 될까
차라리 무지렁이로
흙바람 기슭 쓸며 흘러가리

산등멀리 대청호 푸른 숨결
베어낸 옛 자취 한 폭
명화로 남는다.

늦은 길에서

흠뻑, 녹음 베물고
들숨으로
사문沙門드는 길
기슭의 색신 청초하다

지엽에 붙은 빛의 줄기로
하루가 물들고
에움길에 깔리는 저 석양
홀로 흔들린다.

끝 날에 서서
- 코로나 19

음률 멎고
화성和聲도 흐트러져
시詩마저
지워진 콘크리트 숲 벽에
어둠 자락들
섬광보다 더 잘게 번져서
화석처럼 굳어진
골목마다 허들들 신발 벗겨진 채
미래의 삶 어귀로부터
거친 숨소리로 쫓겨 난 아이들
코로나, 귀로나 눈으로나
입막음으로든
어떤 품사로도 설명되지 않기에
천형으로
되돌릴 수밖에.

이 행복, 감사합니다

가을 단풍 볼 수 있어서
맑은 물소리 들을 수 있어서
들꽃 향기 맡을 수 있어서
당신 사랑 느낄 수 있어서
걸을 수 있어서, 구름처럼 자유할 수 있어서
사랑한다 말할 수 있어서
새 아침 숨쉴 수 있으니 행복합니다

가을하늘 내게 주셔서
기도길 열어 주셔서
일용할 건강 주셔서
주변 돌아보게 하셔서
당신만 바라보게 하셔서
시로 찬미하게 하셔서
이만한 인생, 굽이굽이 보살펴 주신 은혜
살아갈 희망 주시니 감사합니다.

안치호 시와 시인
촌평寸評

안치호 시인을 읽다

정상순 / 시인

 대덕에서 전원까지 시의 지팡이 집고 함께 걸어온 나의 글벗이여, 안치사해서 좋은 안치호 시인의 묶음 글을 읽으면서 한없는 감동과 기쁨을 맛보았습니다.
 안치호! 그는 누구인가? 언제나 나(자아)를 찾아 떠나는 순례자, 고뇌에 찬 가시밭길 헤치며, 때로는 엄동설한 눈비 맞고, 때로는 오뉴월 염전, 그 뜨거운 태양 아래서 구도하는 마음으로 걸어온 나그네 시인.
 곁에 시라는 동반자가 없었더라면 얼마나 외롭고 참담했을까?
 그래서 그의 시는 자기의 인생과 운명, 사상과 철학 그리고 종교, 샤먼의 주문까지 불러 모아
 탄탄한 콘크리트 기초위에서 출발했기에 온전하게 설 수 있었으며, 시의 등걸을 부여잡고 70평생을 고뇌의 수도승처럼, 병마의 고통 속에서도 온 정성을 쏟아 부은 이 세 번째 시 묶음을 통해서 나는 알 수 있었습니다.

 우리는 그저 은빛 찬란함으로 몸치장하는 보석 진주로만 여긴 진주조개를 조개의 암 덩어리인 슬픔의 결

정체라고 표현한 혜안과, 그 아픔에서 신의 울음소리를 들을 수 있는 맑고 푸른 청각을 우리는 무엇으로 설명할 수 있겠는가?

오직 시인만이 짊어지고 갈 심상의 무게가 운명처럼 매달려 있습니다.

안시인은 늘 사물의 형상에만 멈춰있지 않고 그 사물의 본성을 찾는 시의 시선으로, 우물물을 두레박으로 길어 올리는 청량한 감성으로 세상을 적시고 있다고 봐야 합니다.

도대체 이런 시상은 어디에서 오는 것일까?

흔히 사람들은 종교적인 시를 식상해 하는 경향이 있습니다. 안시인의 시에도 몇 편의 신앙시가 있는데, 모태신앙의 믿음을 외면한 기간을 통해 여러 가지 좌절과 시련을 겪은 후에야 진정한 신앙을 되찾음으로서, 시의 내면에 흐르는 확고한 신심이 표출된 작품을 보며, 무종교인인 나에게도 따스한 온기가 전해 옵니다.

그래서 안시인의 시에는 지면마다 신실한 삶의 자세가 채워져 있습니다. 거울을 보는 마음으로 시집 출간을 기다립니다.

안치호 시인의 시 몇 편을 읽고

배인환 / 시인

　안치호 시인이 우리 문학동인《전원에서》에 갑자기 회원이 되었다. 정상순 사백의 강력한 천거로이다. 정 시인은 그가 시를 참 잘 쓰는 시인이라고 거듭 말했다.
　정 사백은 또 그가 이번에 시집을 내는데 감상문을 나에게 써달라는 것이었다. 이 엉뚱한 이야기에 나는 평론가도 아니고 안 시인을 잘 모르고 더군다나 그의 시는 접해 본 일도 없다. 그 시인이 내가 감상문을 쓰는 것을 원할지, 원하지 않을지도 모르는 게 아니냐고 말했다.
　정 사백은 어느 면에서는 막무가내다.
　나는 안치호 시인의 경력을 살펴보았다. 등단한 것이 1992년이다. 그러면 30년이 넘는 시력이다. 그런데 시집은 겨우 2권이다. 이번이 3번째 시집 발간이다. 10년에 한 권은 대단한 과작이다. 이 점에 호기심이 발동했다.
　나는 그의 시 10여 편을 구해 읽어보았다. "전원문집 20"에 제출한 시 8편과 인터넷에 발표된 시 2편, 우리 동인회 제7회 시화전에 발표한 시 1편이다.

안치호의 시는 감동을 주었다. 1953년 생이니까 작은 나이가 아니다. 그런데 시가 젊고 현대시에 부합하는 시였다. 시가 참 독특하고 재미있고 신선했다. 이런 시는 노력으로 되지 않고 천부적인 재능이 있어야 쓸 수 있다.

시어가 다양하고 시적 표현이 현란했다. 정말 그런가? 그의 시 「다시, 구월은 오고」를 감상해보자.

다시, 구월은 오고

초동이 몰고 가는 양떼 구름들 아래
바람 소슬히 지나 가네
누군가 떠나고, 그 누군가가
가파른 시간의 단층斷層을 달려와 붙잡더라도
난 회귀하지 않으리
저 거친 격랑 위의 해일도 환혼역엔
낙조로 흥건히 잦아질 뿐
허랑한 시간의 도적떼가
8월의 겉옷을 찢고
태양의 살점까지 휩쓸고 말면
마지못해 9월은, 낯설고도
그리운 만큼 슬프게도 오나니
아, 그래서 입술 깨무노니
나의 계절은 저물어가고
생은 무참히도 지고있나니

이 시는 미학적 측면에서 볼 때 매우 아름답다. 시어

들이 낯설면서 상상력을 유발하는 시어들이 많이 눈에 띈다. '초동' '소슬히' '시간의 단층' '격랑' '흥건히' '허랑' '깨무노니' 등이다. 낯선 시어들이 무리 없이 연결되었다. 고급 언어들의 연결은 초현실적이라고 할 수 있어, 의미 추구의 시보다는 시가 언어의 신비, 혹은 주술적인 풍미를 풍기고 있다.

시인은 다시 9월이 오는 것을 입술 깨물며 맞이하고 있다. 9월에 무슨 큰 사건이 있었기 때문일까. 시간의 단층이 있던 사건이다. 왜냐하면 '생은 무참히도 지고 있기' 때문이다.

그 이유를 시의 앞쪽에서 찾아야 하는데 구체적인 표현이 없다. 이런 시 해석은, 미학적 해석으로 읽어야 할 거 같다. 아름다움이란 사실 의미가 아니라 느낌이다.

같은 종류의 시 「그리움 3」을 감상해보자

그리움 3

산 모퉁이 돌면
젖무덤 홀로
단상에 젖어있고
주저앉은 봉분 너머로
애잔타
하얀 넋, 나비.

이 시는 해석과 내용이 가능하다. '산 모퉁이 돌면'에서 이승과 저승을 구분하고 젖무덤은 어머니 묘를 표현한 것이 분명하다. '주저앉은 봉분'은 오래된 묘와 돌보지 않은 묘를 이야기하고 '하얀 넋'은 깨끗한 것을 의미한다고 봐야 한다. 마지막'나비'는 시에서 영혼의 상징이다.

 이 시는 돌아가신 어머니에 대한 진한 그리움이다. 다음은 「불의 나라」를 감상해보자.

  불의 나라

  태양이 점령한 불모의 땅
  하루하루 사하라는 사막에 갇혀
  고행의 수도승, 낙타를 길들이다가
  모래바람은 다시
  아라비아를 건너고 히말라야를 타 넘고서
  백두를 먹고 한라까지
  으르렁으르렁
  주야로 살점을 뜯는다
  위험한 짐승처럼
  이글이글
  포장도로를 접수하여
  콘크리트 세상을 지배하다가
  내 자식 화초 몇을 말리고
  나약한 사유까지 태운다

  도대체 쪽빛 기운
  그 서늘한 푸르름의 원소
  인디고는 어디에?

이 시는 사하라사막이 의인화되어 있으며 상징화되어 있다. 이 시를 읽으면서 시인의 소재의 다양성과 시 세계의 넓음을 인식했다. 불의 나라는 사막이면서 동시에 경쟁과 욕망으로 들끓는 현실의 은유다. 그곳의 바람은 시류이다. 바람은 히말라야를 넘고 우리나라를 뒤흔들고, 콘크리트 세상은 현대문명을 상징한다. 시인의 사유는 현대문명의 퇴폐에 노출된 자손들을 걱정한다. 시인은 사막을 푸른 땅으로 만들 인디고를 찾고 있다. 인디고는 철학이며 동시에 큰 어른이다.

　다음은 「가을을 품다」를 감상해보자. 시기적으로 매우 부합되는 시이다.

　　가을을 품다

　　회인에서 청석굴 이어진 가을
　　비 젖는 가로수 길로
　　우수 보듬고
　　흔들리며 간다

　　어진 바람길 걸어서
　　저마다 더위 묻은 일상을 털고
　　용소 푸른 물 행복 담그면
　　구름 머금은 초가을 천경대가

　　청풍에 휘감겨 서 있다

아, 그대 있어
빛나는 황혼길 가고 있다.

이 시에는 지명이 많이 나온다. '회인' '청석굴' '용소' '천경대'이런 지명은 사실 비 시적인 낱말이다. 그런데 시인이 아무렇게 얽어놓은 것 같은데 희한하게 시에 녹아 무리가 없다. 이게 시를 창작하는 시인의 탁월한 능력이 아닌가 싶다.

다음은「낮달」을 감상해보자.

낮달

살점 모두 발라내어
부스러기 석회질 모아 만든
뼈로 쌓은 탑
프리즘의 광학적 잔상 또는
밤새 부질없는 것들
태워 그늘 한 점 없는 그 원광圓光앞에
하얗게 서서
눈먼 언어를 더듬다가
끊어져 버린 연줄
임자 없이 창공을 배회하던 독백이
허구許久한 길을 찾아
빛바랜 무명천으로 하늘에 걸린 고독
사위어진 숯덩이

텅 빈 대낮 창공을 끌어안고
분광 긁어모아
채화採火된 하늘 수은등
구름만큼 자유론
너의 품성으로
어둠 건너 일광日光에 노 젓는
낡은 나룻배
오래도록 지워지지 않은 얼굴.

  낮달을 '탑'으로, '프리즘의 잔상' '연'으로, '고독'으로, '숯덩이' '수은등' '낡은 나룻배' '얼굴'로 묘사하고 있다. 그의 상상력이 대단하다.
  시인은 자기류의 시를 쓰고 있다.
  훌륭한 시인을 발견하여 매우 기쁘다. 앞으로 제 4, 제5 시집을 기대한다.

영혼의 실존적 접근의 미학

이정희 / 문학박사. 시인. 수필가

　백여 편의 시를 받았다. 시인의 시를 감상하기 위하여 시인이 살아 온 자취를 아는 것이 필요하다. 그러나 내가 아는 것은 그가 이미 30여 년전에 등단하여 3번째 시집을 출간하기 위하여 준비하고 있다는 정도이다. 30년 세월속에 3번째 시집이면 너무 적다는 느낌이다. 그러나 시집의 권 수에 따라서 시인의 시가 평가되는 것은 아니다. 시인이 얼마나 삶에 대한 영적인 자존의 영역을 섭렵하면서 사물에서 얻은 영감을 어떻게 서술하느냐 하는 문학적 접근이 중요하다.
　나는 작년에 미국 뉴잉글랜드에 가서 월든 호수가에서 자연과 더불어 살면서 문학의 업적을 남긴 소로우의 발자취를 살펴 보았다. 소로우는 에머슨(Emerson)의 영향을 받아 자유로운 개인의 자립, 자연의 효용과 목적에 대한 고찰을 주장하는 초절주의에 몰입하기도 하였다. 월든 호수 주변에 에머슨과 올콧(Alcott)같은 작가들이 있어서 소로우와 교분을 나누었다. 올콧은 '지나가는 낙엽에도 웃을 준비가 되어 있어서인지 모르겠다' '지금 하지 않으면 사라져 버리는 것. 너무 서두르지 마라 그러나 쉬지마라'고 하였다.

여기에서 안치호 시인은 서두르지 않고 그러나 쉬지 않고 문단활동을 하면서 시를 쓰는데도 열중하고 있음을 증명하고 있다. 그의 「흙으로 빚은시」를 보면 '곡조 없는 노래로/ 흥 없는 춤사위로, 메마른 눈물로/ 헛되고 헛된 삶을/ 풍랑해변 모래 벌에 새깁니다/ 라고 노래하고 있다. 곡조 없는 노래를 자신의 감정에 넣어 노래를 부를 수 있음은 얼마나 자유로운 것인가. 흥 없는 춤사위나 메마른 눈물처럼 세상의 삶은 얼마나 삭막한가. 그리고 모래 벌에 새긴다에서 그것은 정말 잠시일 뿐 영원할 수 없다. 인간의 삶 뿐만 아니라 세상에 존재하는 모든 것이 영원한 것은 없다. 오직 인간의 소망일 뿐이다. 방황과 좌절과 낡고 병든 꿈의 편린을/ 경건히 다시 꺼내서/ 그대 앞에 펼칩니다/ 처음 그대로/ 흙을 빚어 글탑 하나 세웁니다/와 같이 결구를 완성하고 있는 안치호 시인은 허무에서 벗어나 새로운 희망을 나타내고 있다.

 안치호 시인은 '제대로 익지 않고, 뜸이 덜 들어 선 밥이라도 차려서 내 놓고 싶었습니다'라고 겸손한 표현을 하고 있지만 그에게는 자신감이 보인다. 그의 시 「마중」을 보면 '냉기 흐르는 동굴찻집/ 여가를 마시면/ 노년도 황금빛이 됩니다'를 보면 늙는다는 두려움 털어버리고 하나의 개체로 자연과 함께 살아야 할 당당함을 보여주고 있다. 「고사 주목림」을 보면 '넋이 빠져나간/ 뼈마디 허연 발목을 봅니다/....생목숨 묻은 피의 가슴아무여'에서 살아서 천년 죽어서 천년을 산다는 죽어가는 주목에서 생명의 신비를 느끼며 영혼의 신비를 노래하고 있다. 「매일 걸어서」를 보면 '매일 가다보면/ 저 적요로도 가두어지지 않는/ 일흔 둘의 그림자/ 길 어디쯤에서/ 나를 만날까?' 세상 모르고 달려 온 길 이제 나이 들어 자신의 혼을 찾아 기도하는 절절함을 볼 수 있어서 희망적이다. 대부분 사람들은 자신을 잃어버린 물질만능의 세상에서 늦게나마 자신을 돌아볼 수 있다면 얼마나 즐거운 비명인가.

  2부에서 「모든 아픔은 사랑으로 치유된다」에서 '밤이 깊을수록 새벽은 가까워지고/ 질병이 쌓일수록/ 삶이 더 단단해 지듯이/ 미움은 담을수록 무겁고/ 용서는 그 무거운 짐을 덜어내 준다/....아픔이 아픔에게 말하듯이/ 당신에게 작은 사랑하나 건넨다'를 보면 시인의 인생에서 얻은 철학을 노래한다. 당신에게 작은 사랑 하나라 말하지만 그 사랑은 바다보다 넓고 하늘보다 높은 것이다. 또 「소생」에서 '저 마른 가지처럼/ 다시 움틀 수 있다면/....내 젊은 가슴으로 다시/ 숨쉴 수 있다면/ 거룩하고 참된 당신만 따르겠네' 이 시에서 폐암진단으로 절망적 아픔을 견디며 봄이되어 마른가지에 새싹이 돋아나는 것처럼 삶에 대한 기도로 참된 당신만 따르겠네는 어느 인간이 아니라 자연의 법칙에 순응하며 다시 한번 숭고한 삶을 살고 싶은 의지를 보이는 듯 싶다.

「내 몸에 여름을 들이다」의 '아 노예로 팔리던 그날로부터/ *빗금으로 긁힌 동굴 벽의/ 죽지 못한 외마디가/ 밤이면 살아나와 나를 본다'를 보면 아프리카에서 유럽으로 팔려가는 노예가 잠시 머물던 동굴에서 손톱으로 남긴 자국을 보며 인간의 인간에 대한 평등과 자유를 절규하는 외침을 느끼면서 지구상에서 더 이상 노예처럼 살아야 할 사람이 없기를 바라는 시인의 소망이 보인다. 「이 행복, 감사합니다」에서 ....'이만한 인생, 굽이굽이 보살펴 주신 은혜/ 살아갈 희망 주시니 감사합니다'를 보면 병마에 신음한 세월을 잊고 살아 있다는 실존에 대하여 더욱 희망을 노래하고 있는 시인은 시인으로서 완성된 모습을 보여주고 있다. 영혼의 실존적 접근으로 시의 미학에 접근하는데 성숙함을 보여주고 있다. 사족으로 한자 사용에 주의하고 정제된 용어 선택이 아쉽다. 한 문장에서 거기에 맞는 필수적 단어가 있기 때문이다.

나를 찾는 고행의 낮은 소리

한철수 / 시인

 외치는 소리가 높은 오늘, 시인은 어떤 모습이어야 할까? 혼란한 사회를 살아가는 모습과 자세가 다르듯 시인이 시를 쓰는 모습과 자세 또한 다르기 마련이다.
 안치호 시인은 어렵고 힘든 이 사회를 살면서 삶의 현장에 뛰어들어 사회 부조리나 모순에 분노하거나 슬퍼하기보다 한 걸음 물러서서 자신이 살아온 지난날의 모습과 자세를 조용히 뒤돌아보면서, 수신과 구도의 길을 걸어가고 있다.

> 가을 맞으러 숲으로 갑니다
>
> 증평에서 괴산까지
> 그 서늘한 가슴을 안기 위해
> 문경새재를 넘습니다
> 「마중」 일부분

 혼탁하고 혼란스러운 사회를 살면서 그 속에서 내가 "마중"해야 할 것은 "서늘한 가슴"이다, 여기서 "서늘한 가슴"은 깨끗한 공기를 품어 더러운 공기를 정화시

켜 주는 것만을 의미하지는 않는다. 모든 것을 포용하고 그것을 뛰어넘는 가슴을 말한다.

> 매일 걸어서 나에게로 간다
> 햇볕과 바람이 스친
> 가을 길목을 향해
> 찰랑찰랑 구름이 젖은 풀숲을 헤치며
> 설렘 속 아픔마저 데리고 간다
> 천길 벼랑의 잔교를 건너
> 제 그림자에 파묻힌 동굴의 울림같이
> 저주파로 숨은 나에게
> 무색 무음의 파장으로 흐르면
> 비애와 열정, 애욕이 녹은
> 심연에 닿을 수 있으려나
> 매일 가다 보면
> 저 적요寂寥로도 가두어지지 않은
> 일흔둘의 그림자
> 나를 만날까?
> 　　　　「매일 걸어서」 전문

　시인은 매일 걷고 걷는다. 이 시집 여러 시에 "걷는다" 또는 "걸어서"란 표현이 등장한다. 시인이 걷는 걸음은 나를 찾기 위해 자신을 성찰하면서 한 걸음 한 걸음 걷는 고행의 걸음이다. 시인에게 참 나는 남의 상처를 모른 채 혼자 도망치는 것이 아니라 "아픔마저 데리고"가는 동지적 인식을 가진 사람만이 품을 수 있는 용서와 화해와 구원의 나이다.

소리 높여 외치는 외침은 모든 잘못이 내가 아닌 남에게서 비롯됐다고 생각할 때 분하고 원통하여 소리 지르게 마련이다. 사회의식이 결여된 이런 소리는 듣는 사람에게 소란의 소리로만 들리게 되는데, 나를 찾는 소리는 항상 조용하고 나직하다. "적요寂寥로도 가두어지지 않은" 낮은 소리, 즉 "저주파로 숨은" 자기 자신만 들을 수 있는 소리로 나를 부를 때 그 소리는 각성의 힘을 가진다. 그 작은 소리로 "천길 벼랑의 잔교를 건너/ 제 그림자에 파묻힌 동굴" 속의 72세 나를 찾아 나서는 시인의 자세는 처절하고 고고하다.

안치호 시인의 탐구 정신은 오늘도 길을 걷게 한다. 언제쯤 완전한 나를 만나 즐거울지 궁금하다.

● 시인의 말

　아픈 자, 절망하는 사람에게 위로가 되고 싶어서,

　외로운 이에게 말을 걸고 홀로 가는 여행길에 동반이 되어 그가 이끄는 대로 걷고 싶어서

　낯설지 않게 늘 낮은 목소리로 노래하고 싶어서

　한 사람이라도 내 시에 공감하는 자 위해서

　일흔까지 시를 품어왔습니다.

　제대로 익지 않고, 뜸이 덜 들어 선 밥이라도 차려서 내놓고 싶었습니다.

　저만큼에서, 일흔 한 번째 또 가을이 걸어옵니다.

　아직도 내겐 가을이 설레듯이

　떨리고 설레는 마음으로 미루고 미뤄왔던 세 번째 내 가슴을 열어 보입니다.

24년 10월 어느 날

| 저자 약력 |

- 1953년 4월 경남 창원에서 출생
- 건설교통부 및 대전광역시
  건설기술심의위원(VE분야) 역임.
  현 대전광역시 중구 건설기술자문위원.
  현 도원엔지니어링 건축사사무소 부사장.
- 1992년 문학공간, 한맥문학에서 시로 등단
- 한국현대시인협회, 국제계관시인연합(UPLI), 호서문학(자문위원), 문학시대(부회장역임), 대전문학, 전원에서 활동
- 시집 『밤으로 흐르는 강물』 2004년 1월.
  『무릎 꿇는 나무』 2011년 4월.

솔마루 詩人選 01
안치호 시집

걸어서 나에게로

초판 인쇄 2024년 12월 1일
초판 발행 2024년 12월 5일
지은이 안치호
펴낸이 심옥자
펴낸곳 도서출판 창세
등 록 2024년 10월 04일
번 호 제 2024-000021호
주 소 대전광역시 중구 계백로 1719
센트리아오피스텔 1511호
전 화 042) 256-3626
팩 스 042) 256-2627
이메일 ww05051@hanmail.net

IBSN 979-11-990383-0-1 03800
값 12,000원

*잘못된 책은 바꿔드립니다.
*이 책 내용의 전부 또는 일부를 재사용하려면
  반드시 저자의 승낙을 받아야 합니다.